Heidemarie Thomann

Überlegungen zur Konzeption eines Kostenrechnungssytems i.
Verein

Heidemarie Thomann

Überlegungen zur Konzeption eines Kostenrechnungssytems in einem gemeinnützigen Verein

GRIN Verlag

Bibliografische Information der Deutschen Nationalbibliothek: Die Deutsche Bibliothek
verzeichnet diese Publikation in der Deutschen Nationalbibliografie; detaillierte bibliografische Daten sind im Internet über http://dnb.d-nb.de/ abrufbar.

1. Auflage 2005
Copyright © 2005 GRIN Verlag
http://www.grin.com/
Druck und Bindung: Books on Demand GmbH, Norderstedt Germany
ISBN 978-3-638-83892-4

ÜBERLEGUNGEN ZUR KONZEPTION EINES

KOSTENRECHNUNGSSYTEMS IN EINEM

GEMEINNÜTZIGEN VEREIN

Bakkalaureats-Arbeit

(Seminararbeit und Projektarbeit)

von

Heidemarie Thomann

eingereicht am

Institut für Betriebswirtschaftslehre und Betriebssoziologie

Technische Universität Graz

Danksagung

Mein Dank gilt all jenen die diese Arbeit unterstützten.

Dipl. Ing. Peter Steinbauer

(BWL Institut - TU Graz)

der durch seinen Einsatz diese Arbeit ermöglicht hat und

als Betreuer mit Rat und Tat zur Seite stand.

Matthäus Decker

(TUG Racing Team)

für die wertvollen Anregungen

Meiner Familie,

insbesondere meinem Sohn,

für die Geduld während der Arbeit.

Zusammenfassung der Seminararbeit

Diese Arbeit behandelt die theoretischen Grundlagen, welche nötig, sind um ein Kostenrechnungssystem zu konzipieren, sowie die wichtigsten Normbegriffe aus diesem Bereich. Eine Betrachtung der umgebenden sozialen Strukturen ergänzen hierbei die Grundlagen der Kostenrechnung. Besonders in der Umsetzungsphase ist dies ein wichtiger Bereich. Daher wird diese Arbeit durch Überlegungen zum Transformationsmanagement und Projektmanagement abgerundet.

Unter Transformationsmanagement versteht man die genaue Festlegung des Veränderungsvorhabens durch die Zieldefinition und eine Wegbestimmung. Hierbei wird dem zwischenmenschlichen Bereich eine entsprechende Bedeutung zugemessen.

Mit Hilfe des Projektmanagements wird der Veränderungsprozess in iterativen, kontrollierbaren Schritten begleitet und umgesetzt. Diese Betrachtungen haben den Zweck, die Wichtigkeit der genauen Planung und Kontrolle, aber auch des zwischenmenschlichen Bereiches die gebührende Aufmerksamkeit zu schenken.

In der Umsetzungsphase hat sich gezeigt, dass die iterative Planung unter Bedachtnahme auf das konkrete Endziel, ein wichtiger Aspekt in der Umsetzung ist.

Zusammenfassung der Projektarbeit

Die Einführung eines Kostenrechnungssytems beim Verein „TUG Racing Team" verlief in folgenden Schritten:

Es wurde aufgrund der Teamstruktur und der Anforderungen des Bewerbs „Formula Student" eine Grundstruktur überlegt.

Als Grundlage für diese Diskussionen diente die vorhandene Teamstruktur und die Anforderungen der Disziplin „cost report" des Bewerbs „Formula Student". (siehe Seite 29 „Formula Student – die Disziplinen„)

Zuerst wurden die **Kostenstellen** aus der Teamstruktur abgeleitet (siehe Seite 37 „Kostenstellen").

Weiters die **Kostenträger** unter Bezugnahme auf den „cost report" und der vorhandenen Baugruppengliederung definiert (siehe Seite 40 „Kostenträger").

Diese Überlegungen waren die Basis für die Wahl der innerbetrieblichen Leistungsverrechnung. Unter Berücksichtigung allgemeiner Gestaltungs-kriterien und spezieller Anforderungen fiel die Wahl auf das **Kostenstellen-umlageverfahren** oder **Treppenverfahren** (siehe Seite 42 „Innerbetriebliche Leistungsverrechnung").

Um dieses realisieren zu können wurden **Tätigkeiten** definiert. Diese ermöglichen eine tätigkeitsbezogene Zeiterfassung und somit den Überblick über den Zeitaufwand für die einzelnen Baugruppen.

Die Einteilung in Tätigkeiten ermöglicht weiters die Unterteilung der Arbeitszeit in Gemeinkosten und Einzelkosten (siehe Seite 35 „Tätigkeiten").

Der Einkauf ist ein wesentlicher Punkt der Kostenrechnung. Um hier Übersicht zu bekommen, war es notwendig, **Kostenarten** festzulegen. Dabei war eine sehr differenzierte Betrachtung der erworbenen Waren notwendig. Für den „cost report" benötigt man eine genaue Aufschlüsselung des Materials in Fertigteile, Rohstoffe und Hilfsstoffe (siehe Seite 32 „Kostenarten").

Ein weiterer Schritt war die Zuordnung der Materialien zu den entsprechenden **technischen Zeichnungen** und somit zu den Baugruppen. Diese Information ist für den „cost report" wesentlich.

Teamintern ist die Zuordnung der eingekauften Waren zu laufenden **Projekten** von Interesse.

Diese unterschiedlichen Zuordnungen erfolgen nur bei eingekaufter Ware, nicht bei den Arbeitszeiten.

Zur Umsetzung wurde im Einkauf ein „**Bestellbuch**" eingeführt. Darin erfolgt bereits bei der Bestellung die Zuordnung der Materialien zu Projekt, Zeichnung, Baugruppe, Kostenstelle und Anforderer. Bei Erhalt der Ware werden diese Informationen zusammen mit der Rechnung an das Finanz-Modul übermittelt. Dort erfolgt die Bezahlung und die Übernahme der Daten in das Produkt Daten Management System (siehe Seite 45 „Prozessablauf Einkauf").

Die einzelnen Arbeitsschritte der Waren- bzw. Materialbeschaffung sind in Prozessabläufen dargestellt. Diese Diagramme ermöglichen einen schnellen Überblick über den Gesamtablauf und die darin enthaltenen Teilabläufe. Weiters ist damit die Durchgängigkeit des Systems modeliert und somit auf seine Durchführbarkeit überprüft (siehe Seite 44 „Prozessabläufe").

Die genauen Eckdaten (Verteilungsschlüssel) für die innerbetriebliche Leistungsverrechnung werden festgelegt, sobald genug Informationen dafür vorliegen.

Das System ist leicht anzupassen und erweiterbar. Dadurch ist die Verwendbarkeit in Zukunft gewährleistet. Die Genauigkeit erfüllt die derzeit bekannten Anforderungen, kann aber jederzeit verändert werden.

Inhaltsverzeichnis

1.Seminararbeit...8

2.Kostenrechnung wozu?...9

  2.1.Begriffsdefinitionen...10

  2.2.Wertebenen...13

3.Konzeption...15

  3.1.Arten der Kostenerfassung..16

  3.2.Einteilung der Kosten – die Kostenarten...17

  3.3.Kostenstellenrechnung..18

    3.3.1.Gliederung der Unternehmung in Kostenstellen....................................18

    3.3.2.Das Werkzeug Betriebsabrechnungsbogen..20

    3.3.3.Innerbetriebliche Leistungsverrechnung - Grundzüge............................20

  3.4.Kostenträgerrechnung...22

4.Umsetzungsphase..24

  4.1.Transformationsmanagement...24

  4.2.Projektmanagement..26

5.Projektarbeit 29

  5.1.Formula Student – die Disziplinen...29

6.Gestaltungskriterien..31

  6.1.Formale Kriterien..31

  0.2.Inhaltliche Kriterien...31

7.Vorgangsweise..32

  7.1.Istzustanderhebung..32

  7.2.Kostenarten...32

    7.2.1.Tätigkeiten..35

    7.2.2.Personalzeit- und Kilometer-Erfassung 36

  7.3.Kostenstellen...37

    7.3.1.Festlegung der Kostenstellen..39

  7.4.Kostenträger..40

  7.5.Betriebsabrechnungsbogen...41

  7.6.Innerbetriebliche Leistungsverrechnung..42

  7.7.Prozessabläufe..44

    7.7.1.Aufbau der Prozessabläufe...44

7.7.2.Prozessablauf Einkauf..45

I.Abbildungsverzeichnis..46

II.Anhang Prozessablauf...47

III.Literaturverzeichnis...51

1. Seminararbeit

Diese Betrachtung ergänzt die „Bakkalaureats-Projekt-Arbeit - Konzeption eines Kostenrechnungssystems"[1] mit dem theoretischen und praktischen Hintergrund der Planungs- und Umsetzungsphase.

Weiters wir aufgezeigt, welche Veränderungen - im sozialen Bereich - die Einführung eines Kostenrechnungssystem mit sich bringen kann. Welche konkreten Befürchtungen und Erwartungen ausgelöst werden und wie man diesen begegnet.

Der Fokus dieser Arbeit richtet sich dabei auf die Umsetzung der Kostenrechnung in dem gemeinnützigen Verein „TUG Racing Team".

Der Bedarf für die Kostenrechnung wurde teamintern gesehen und in weiterer Folge umgesetzt.

Das Interesse gilt insbesondere den Überlegungen:

> „Wie entsteht der Bedarf?"

> „Welche Voraussetzungen müssen geschaffen werden?"

> „Wie lässt sich das Konzept realisieren?"

> „Welche Widerstände entstehen Team intern?"

---

1   vgl. Thomann (2005)

2. Kostenrechnung wozu?

Oder „Wie entsteht der Bedarf?"

In der Praxis ist es von Interesse, welche Kosten angefallen sind und welche Produkte bzw. Leistungen entstanden sind, damit die zukünftige Vorgehensweise (Zielrichtung) festgelegt werden kann. Das Lehrveranstaltungsskriptum Kosten- und Erfolgsrechnung[2] beschreibt die Entwicklungsstufen der Kostenrechnung mit folgenden Worten:

„Die Kostenrechnung als vergangenheitsorientierte Gebarungs- (Amortisations-) rechnung" ... „das Bedürfnis nach Informationen über das Gelingen oder Mißlingen der Amortisation des in den einzelnen Betrieben der Unternehmung investierten Kapitals" ...

„Die Kostenrechnung als gegenwartsorientierte Preisbildungsrechnung" ... „Sie sollte es ermöglichen, "gerechte", "angemessene" Preise (!) zu berechnen, und zwar in Form von "Selbstkostenfestpreisen" bzw. "Selbstkostenpreisen" " ...

„Die Kostenrechnung als zukunftsorientierte Planungsrechnung

Will man Entscheidungen nicht nur intuitiv, sondern auf rationaler Grundlage vornehmen, so hat man Informationen zu sammeln und bereitzustellen, die erkennen lassen, welche erfolgsmäßigen Konsequenzen, die in den einzelnen Entscheidungssituationen verfügbaren Entscheidungsalternativen voraus-sichtlich mit sich bringen."

Daraus ergeben sich die „Aufgaben der Kostenrechnung" nach Kemmetmüller[3]:

„Die Kostenrechnung dient der Erfassung und Verrechnung der Kosten der im Unternehmen erbrachten Leistungen" ... „Zentrales Prinzip der Kostenrechnung zur Erfüllung ihrer Zwecksetzungen ist das Verursachungsprinzip. Darunter versteht man, daß diverse Bezugsgrößen (Kostenträgern, Kostenstellen) nur jene Kosten zugerechnet werden, die durch die jeweilige Bezugsgröße betreffende Maßnahmen verändert werden können."

Das Bedürfnis nach Information ist eine treibende Kraft hinter der Kostenrechnung. Sie kann die Fragen nach dem woher und wohin für die Unternehmungsleitung aus Kostensicht beantworten.

---

2 vgl. Bauer u. a. (2002) S. 1-2 ff.
3 vgl. Kemmetmüller/Bogensberger (2000) S. 15 f.

2.1. Begriffsdefinitionen

Um eine Kostenrechnung einführen zu können, müssen alle Beteiligten die gleiche Sprache sprechen. Dies erleichtert bzw. ermöglicht erst die Kommunikation und Diskussion zum Thema Kosten und Kostenrechnung. Daher wurde vom Österreichischen Normungsinstitut ein Vokabular von betriebswirtschaftlichen Begriffen festgelegt[4]. Diese Richtlinie aus dem Jahre 1988 definiert die im folgenden aufgezählten Begriffe und ermöglicht damit die Kommunikation zum Thema über die Unternehmungsgrenzen hinweg.

Allgemeine Normbegriffe zum Thema Kostenrechnung

Kostenrechnung

Errechnung, Sammlung und Auswertung aller Werteinsätze (=Kosten), die durch die betriebliche Leistungserstellung verursacht werden.

Kosten

Werteinsatz zur Leistungserstellung. Unter „Werten" sind sowohl materielle Güter, die verbraucht werden (z.B. Material), zu verstehen als auch unverbrauchbare immaterielle Werte (z.B. Ideen, Patente, Organisations-leitung)

betriebliche Leistungen; Produkte (im weiteren Sinn):

Leistungen eines Unternehmens, die entweder zum Verkauf (Tausch, Kompensation u. a.) auf dem (Absatz-) Markt vorgesehen sind (=Marktleistung) oder die dazu bestimmt sind, im Unternehmen zu verbleiben, also nur der Erstellung und/oder dem Absatz von Marktleistungen dienen (=innerbetriebliche Leistung)

innerbetriebliche Leistungen:

Erzeugnisse oder andere Leistungen eines Unternehmens, die nicht für den Verkauf bestimmt sind. Innerbetriebliche Leistungen dienen vornehmlich der Erstellung und/oder dem Absatz von Marktleistungen (z.B. selbsterstellte Anlagen), umfassen aber auch soziale Leistungen (z.B. Werksküche u. ä.).

betriebliche Leistungsbereiche; Funktionsbereiche:

örtlich festgelegte oder durch die Unternehmensorganisation abgegrenzte

---

4   vgl. ON-Richtlinie 51 (1988) S: 3 ff.

Bereiche, in denen betriebliche Leistungen erbracht werden.

Betriebliche Leistungsbereiche sind:

1. Planung
2. Organisation
3. betriebliches Rechnungswesen
4. Absatz (= Vertrieb)
5. Forschung, Entwicklung, Vorschlagswesen
6. Personalwesen, Aus- und Weiterbildung der Mitarbeiter
7. Finanzierung
8. Beschaffung
9. Lagerwesen
10. Leistungserstellung, z.B. Produktion
11. Schadensverhütung und Versicherung
12. Kontrolle (=Hilfsleistungen für alle Bereiche)

Betriebsüberleitungsbogen (BÜB)

Formular zur übersichtlichen zahlenmäßigen Darstellung der Überleitung des Aufwandes der Buchführung (=Finanzbuchhaltung) in die Kosten der Kostenrechnung.

Finanzbuchhaltung			
Aufwand	neutrale Aufwendungen	Zweckaufwendungen	
Kostenrechnung			
Kosten		Grundkosten	Zusatzkosten

Abbildung 1 „Überleitung des Aufwandes in Kosten"

Zweckaufwand

Aufwand für die im betreffenden Abrechnungszeitraum erstellten Leistungen im Sinne des Unternehmenszieles, der seiner Entstehung nach nicht dem neutralen Aufwand zuzurechnen ist. Betrachtungsmäßig entspricht der Zweckaufwand den **Grundkosten**.

Neutraler Aufwand

Sammelbegriff für die folgenden, bei der Aufwandsüberleitung auszuscheidenden, Aufwandsarten.

1. Betriebsfremder Aufwand: für betrieblich nicht genutzte Vermögensteile und für Unterstützung Betriebsfremder.

2. außerordentlicher Aufwand: für Schadensfälle bei Anlagen und Beständen, die nicht durch Versicherungen gedeckt sind, für Forderungen aus Gewährleistungsverpflichtungen, Kursverluste u. a.

3. Periodenfremder Aufwand: sind einer anderen Abrechnungsperiode zuzurechnen. z.B. Vorauszahlungen, Sonderabschreibungen.

4. sonstiger neutraler Aufwand: steht mit dem eigentlichen Betriebsgeschehen nicht im Zusammenhang.

Zusatzkosten

Werteinsätze, die in der Finanzbuchhaltung nicht oder nicht in der für die Kostenrechnung richtigen Höhe aufscheinen.

1. Kalkulatorisches Entgelt für Unternehmer und mitarbeitende Familienangehörige, die in keinem Dienst- oder Lehrverhältnis zum Betrieb stehen (Lohn oder Gehalt).

2. Kalkulatorische Zinsen

3. Kalkulatorische Abschreibungen

4. Kalkulatorische Wagnisse

5. Kalkulatorische Miete

Kostenarten

Zusammenfassung der Kosten nach Gruppen

Kostenstelle

örtlicher oder durch die Unternehmensorganisation abgegrenzter Bereich, dem die betreffenden Kosten entsprechend ihrer Verursachung zugerechnet werden.

Kostenträger

Leistungen eines Unternehmens, die für den Verkauf vorgesehen sind (=Marktleistungen) und denen letzten Endes die anfallenden Kosten zum Teil oder zur Gänze zugerechnet werden.

2.2. Wertebenen

„Die externe und interne Erfolgsrechnung rechnen mit unterschiedlichen ökonomischen Grundbegriffen oder Rechnungselementen, für die sich bestimmte Bezeichnungen herausgebildet haben. Eine Verwendung unterschiedlicher Begriffe in den beiden Teilbereichen ist notwendig, um eine klare Abgrenzung zwischen der internen und externen Erfolgsrechnung zu erreichen, da beide Rechnungen unterschiedlichen Zielen dienen."[5]

Die Zahlen des externen Rechnungswesens (Auszahlung, Ausgaben, Aufwand) können sich erheblich von den Kosten des internen Rechnungswesens unterscheiden[6]. Die Begriffe der externen Erfolgsrechnung werden von Däumler/Grabe folgendermaßen definiert[7]:

Begriff	Kurzdefinition	Dimensionen
Auszahlungen	Abgang liquider Mittel pro Periode	€/Per
Einzahlungen	Zugang liquider Mittel pro Periode	€/Per
Ausgaben	Geldwert der Einkäufe an Gütern und Dienstleistungen.	€/Per
Einnahmen	Geldwert der Verkäufe an Gütern und Dienstleistungen pro Periode.	€/Per
Aufwendungen	Zur Erfolgsermittlung periodisierte Ausgaben einer Periode. (= jede Eigenkapitalminderung, die keine Kapitalrückzahlung darstellt)	€/Per
Erträge	Zur Erfolgsermittlung periodisierte Einnahmen einer Periode. (= jede Eigenkapitalerhöhung, die keine Kapitaleinzahlung darstellt)	€/Per

Die Grundbegriffe des externen Rechnungswesens stehen in einer engen Beziehung zueinander. Es ist wichtig diese Begriffe gegeneinander abzugrenzen. In Däumler/Grabe finden sich folgende Begriffe zur Abgrenzung[8].

Begriff	Beispiel
Auszahlungen, die keine Ausgaben sind	Entnahmen von Gewinnen durch den Unternehmer (Barauszahlung), Tilgung von Fremdkapital
Auszahlungen, die gleich-zeitig Ausgaben sind	Barkauf von Rohstoffen
Ausgaben, die keine Auszahlungen sind	Zielkauf von Ware
Ausgaben, die gleichzeitig Aufwendungen sind	Kauf von Rohstoffen und Verbrauch in der gleichen Periode
Aufwendungen, die keine Ausgaben sind	Abschreibung einer früher angeschafften Maschine oder Materialverbrauch aus Lagerbeständen

Die Abgrenzung für Einzahlung, Einnahmen und Erträge erfolgt analog zum obigen Schema.

---

5 vgl. Däumler/Grabe (2000) S: 18 ff.
6 vgl. Kemmetmüller/Bogensberger (2000) S: 20 ff.
7 vgl. Däumler/Grabe (2000) S: 15
8 vgl. Däumler/Grabe (2000) S: 20

Das interne Rechnungswesen ist durch die Begriffe Kosten und Leistungen geprägt.

Kosten [9]

Kosten sind betriebs- und periodenbezogene Werteinsätze zur Leistungsverwertung. Merkmale hierfür sind:

- Verzehr von Gütern- und Dienstleistungen
- Sachbezogenheit:

Leistungsbezogenheit und Periodenbezogen

- Bewertet

Leistungen sind die betriebsbezogenen, bewerteten Ergebnisse für die Kosten angefallen sind.

Die Kosten ermittelt man aus den Aufwendungen. Von diesem werden die neutralen Aufwendungen (siehe Definition Seite 11)ausgeschieden. Der neutrale Aufwand lässt sich kurz mit

- betriebszweckfremd wie z.B. Sportplatz
- außerordentlich wie z.B. Maschinenschaden
- periodenfremd wie z.B. Vorauszahlungen

beschreiben.

Eine Grafik[10] soll den Zusammenhang zwischen Auszahlungen, Ausgaben, Aufwendungen und Kosten veranschaulichen.

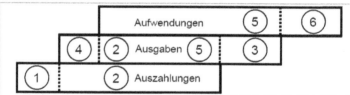

1. *Auszahlungen, die keine Ausgaben sind* (z.B. Entnahme von Gewinnen durch den Unternehmer [Barauszahlung] oder die Tilgung von Fremdkapital)
2. *Auszahlungen, die gleichzeitig Ausgaben sind* (z.B. Barkauf von Rohstoffen)
3. *Ausgaben, die keine Auszahlungen sind*(z.B. Zielkauf von Waren)
4. *Ausgaben, die keine Aufwendungen sind* (z.B. Kauf von Rohstoffen und Verbrauch in einer späteren Periode)
5. *Ausgaben, die gleichzeitig Aufwendungen sind* (z.B. Kauf von Rohstoffen und Verbrauch in der gleichen Periode)
6. *Aufwendungen, die keine Ausgaben sind* (z.B. Materialverbrauch aus Lagerbeständen)

Abbildung 2 „Abgrenzung der Wertebenen"

9   vgl. Bauer u. a. (2002) S: 3-6 f.
10 vgl. http://www.bwl.tugraz.at (3.3.2005)

3. Konzeption

Welche Informationen muss die Kostenrechnung liefern und was ist von untergeordnetem Interesse?
Die Antwort auf diese Frage spannt den Rahmen auf, in dem man sich in weiterer Folge bei der Konzeption bewegt. Eine weitere Frage gibt die Umsetzungsgeschwindigkeit vor: „Was kann ich ohne großen Aufwand sofort realisieren und was dauert länger?" sowie die interessante Frage nach der Umsetzungsbereitschaft in der Belegschaft. Im vorliegenden Fall lauter ehrenamtliche Teammitglieder, welche die Notwendigkeit einer Kostenrechnung durchaus sehen. Es handelt sich dabei um 10% der erreichbaren Punkte im Wettbewerb „Formula Student"[11].
Die Einführung der Kostenrechnung erfordert eine stärkere Strukturierung der kostenrelevanten Bereiche. Eine Umstrukturierung die einen Mehraufwand für die Betroffenen bedeutet. Dies wird naturgemäß nicht unbedingt von den Betroffenen begrüßt.

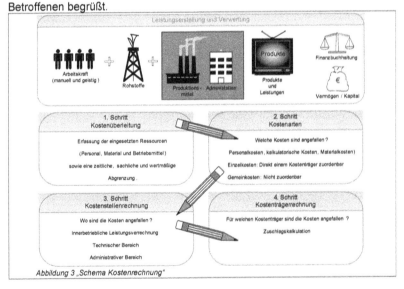

Abbildung 3 „Schema Kostenrechnung"

11 vgl. www.formulastudent.com (13.12.2004)

3.1. Arten der Kostenerfassung

Was ist notwendigerweise zu erfassen?

Prinzipiell gilt, dass die Kosten am Entstehungsort erfasst werden müssen. Die Trennung der Kosten in Einzelkosten oder direkte Kosten und Gemeinkosten oder indirekte Kosten erfolgt in der darauffolgenden Kostenrechnung[12].

Um diese Trennung durchführen zu können, müssen die anfallenden Kosten zuerst in Gruppen eingeteilt werden, den sogenannten Kostenarten. Näheres dazu in Kapitel „3.2 Einteilung der Kosten – die Kostenarten"

Die wichtigsten Kostenarten sind nach Kemmetmüller die Materialkosten, Personalkosten und sonstige Kosten.

Das Lehrveranstaltungsskriptum[13] gliedert die anfallenden Kosten nach den vier Gesichtspunkten:

1. Art der Kostenentstehung (unternehmungsextern und -intern)

2. Art der Kostenerfassbarkeit (Einzel- und Gemeinkosten)

3. Art der Kostenverwendung (Kostenstellenkosten, Funktionskosten)

4. Abhängigkeit der Kosten von der Beschäftigung (fixe und variable Kosten)

Unter Bedachtnahme auf die Wirtschaftlichkeit der Kostenrechnung ist von diesen Möglichkeiten der Einteilung gebrauch zu machen.

---

12 vgl. Kemmetmüller/Bogensberger (2000) S. 49 f.
13 vgl. Bauer u. a. (2002) S. 3-14 f.

3.2. Einteilung der Kosten – die Kostenarten

Bei der Kostenerfassung werden die Kosten in Gruppen, den Kostenarten erfasst. Diese sind in weiterer Folge die Grundlage für die Kostenrechnung. Welche Arten an Kosten festgelegt werden, ist der Unternehmungsleitung selbst überlassen. Es ist sinnvoll sich an vorhandenen Normbegriffen[14] zu orientieren. Zumindest die wichtigsten Kostenarten sollen sich in einer Kostenrechnung finden. Diese sind gemäß Lehrveranstaltungsskriptum[15] die Personal-, Material-, Energie- und Instandhaltungskosten, Steuern, Beiträge und Versicherungen sowie kalkulatorische Kosten und alle sonstigen Kosten.

Je nach Bedarf können weitere Untergliederungen vorgenommen werden. Als Grundsatz gilt, dass sich die Feinheit der Differenzierungen und Untergliederungen nach dem zu erzielenden (Informations-) Ergebnissen der Kostenrechnung zu orientieren hat.

Die wichtigsten Normbegriffe[16] zum Thema Kostenarten

Kostenarten

„Zusammenfassung der Kosten nach Gruppen, z.B. Materialkosten, Lohnkosten, Kosten durch Abschreibung der Güter des Anlagevermögens, Werbekosten."

Kostenartenrechnung; Kostenerfassung

„Erfassung der Kosten nach ihrer Entstehung und Aufteilung in direkt verrechenbare Kosten (=Einzelkosten) und indirekt verrechenbare Kosten (=Gemeinkosten) für die anschließende Kostenstellen- und Kostenträgerrechnung."

Einzelkosten; direkt verrechenbare Kosten

„Kosten, die dem einzelnen Kostenträger (=betriebliche Leistung) direkt zugerechnet werden; die wichtigsten Einzelkosten sind Fertigungsmaterial- und Fertigungslohnkosten."

---

14 vgl ON-Richtlinie 51 (1988)

15 vgl. Bauer u. a. (2002) S. 3-16 ff.

16 vgl. ON-Richtlinie 51(1988) S: 7 ff.

Gemeinkosten; indirekt verrechenbare Kosten

„Kosten, die dem einzelnen Kostenträger (= betriebliche Leistung) nicht direkt zugerechnet werden."

Materialkosten

„Summe aus Materialeinzelkosten und Materialgemeinkosten."

- **Materialeinzelkosten**

„Materialkosten, die einem Kostenträger direkt zurechenbar sind, z.B. Fertigungsmaterialkosten."

- **Materialgemeinkosten**

„Materialkosten, die einem Kostenträger nicht direkt zurechenbar sind, z.B. Personalkosten für die im Materiallager Beschäftigten".

Personalkosten

„dem Unternehmen durch die Beschäftigung von Mitarbeitern und Lehrlingen, durch die Tätigkeit des Unternehmers und von Familienangehörigen, die in keinem Dienst- oder Lehrverhältnis zum Unternehmen stehen, sowie durch die Tätigkeit freiberuflicher Mitarbeiter entstehende Kosten."

1. Kalkulatorische Entgelte

2. Lohnkosten

3. Gehaltskosten

4. Kosten der Lehrlingsausbildung

5. sonstige Personalkosten z.B. Provisionen, freiwillige soziale Leistungen

3.3. Kostenstellenrechnung

Nachdem unternehmungsintern festgelegt wurde welche Kostenarten anfallen ist von Interesse wo diese Kosten entstehen. Die Frage nach dem „Wo?".

3.3.1. Gliederung der Unternehmung in Kostenstellen

In Kostenrechnung 1 Grundlagen von Däumler/Grabe[17] findet sich folgende Überlegung: „Eine Kostenstelle ist ein nach bestimmten Gesichtspunkten eindeutig abgegrenzter Teil eines Betriebes, der kostenrechnerisch selbständig abgerechnet wird. Als Kostenstellen eignen sich alle Tätigkeits- und

---

17 vgl. Däumler/Grabe (2000) S: 228

Verantwortungbereiche in einem Unternehmen, die eine organisatorische Einheit bilden und in den Prozess der Leistungserstellung oder Leistungsverwertung eingegliedert sind. Der Grad der Detaillierung der Tätigkeitsbereiche hängt davon ab, mit welcher Genauigkeit die Kostenstruktur eines Unternehmens dargestellt und untersucht werden soll. Die feinste Einteilung liegt vor, wenn die Arbeits- und Maschinenplätze selbst die Kostenstellen bilden."

Demnach kann man die Frage nach dem wo mit Hilfe der Unternehmungsstruktur beantworten. Es ist möglicherweise notwendig im Zuge der Einführung der Kostenrechnung das Organigramm der Unternehmung etwas zu überarbeiten und neue Abrechnungseinheiten in Form von Kostenstellen zu bilden und/oder bestehende Abteilungen für die Kostenrechnung zusammenzufassen. Bestenfalls können die vorhandenen Abteilungen als Kostenstellen für die Kostenrechnung übernommen werden.

Eine weitere Möglichkeit ist eine eigene Abrechnungsstruktur für die Kostenrechnung festzulegen. Der Aufwand für die Einführung und der Durchführung eines Kostenrechnungssystems steigt dadurch stark an. Daher ist diese Vorgehensweise nicht effizient.

Das Überdenken/Überarbeiten der Unternehmungsstruktur ist ein Punkt, der die Mitarbeiter persönlich betrifft und der, wenn die Belegschaft nicht bereits im Vorfeld informiert wird, internen Widerstand hervorrufen kann. Dies beschreibt das Buch „10 Schritte zur lernenden Organisation" von Kline/Saunders mit den Worten: „Selbst wenn die Notwendigkeit der Veränderung wie ein Damoklesschwert über ihnen schwebt, reagieren manche Menschen wie Wild, das im Licht eines nahenden Autos gefangen ist. Sie wissen zwar, was sie tun müssen, aber sie haben zuviel Angst davor, sich zu bewegen. Vielleicht haben sie Angst davor, daß sie sich nicht an die neue Ordnung anpassen können oder daß sie in Zukunft härter arbeiten müssen."[18]

---

18 vgl. Kline/Saunders (1996) S: 33

3.3.2. Das Werkzeug Betriebsabrechnungsbogen

Die formale Darstellung der Kostenstellen erfolgt mit Hilfe eines Betriebsabrechnungsbogens[19] kurz BAB. In den Spalten des BAB finden sich die Kostenstellen und in den Zeilen die Kostenarten.

Im Betriebsabrechnungsbogen werden alle Kosten erfasst, die nicht direkt den Kostenträgern zurechenbar sind. Aber auch Einzelkosten können zu Kontrollzwecken den Kostenstellen zugerechnet werden, sie werden aber dann gesondert gekennzeichnet.

In der ON-Richtlinie 51 ist der Betriebsabrechnungsbogen[20] definiert als: „entsprechend dem organisatorischen Aufbau eines Unternehmens zu gestaltendes Formular für die Durchführung der Kostenstellenrechnung."

Kostenstellen / Kostenarten	Vorkostenstellen	Endkostenstellen
Einzelkosten		
Primäre Gemeinkosten		

Abbildung 4 „Schema Betriebsabrechnungsbogen"

Endkostenstellen[21] sind solche Kostenstellen, deren Kosten nicht auf andere Kostenstellen weiterverrechnet werden. Sie gliedern sich in Hauptkostenstellen, welche der Erstellung der Marktleistung dienen, und Nebenkostenstellen, die nicht dem betrieblichen Hauptzweck dienen (z.B. eine Druckerei für Begleittexte in einer Softwareentwicklungsfirma).

Bei Vorkostenstellen können die Kosten nicht unmittelbar in die Kostenträgerrechnung übernommen werden. Sie gliedern sich in allgemeine Kostenstellen, welche nicht unmittelbar mit der Fertigung in Zusammenhang stehen (z.B. Kantine) und Hilfskostenstellen (Dienstleister des fertigungsnahen Bereiches wie z.B. Werkzeugbau).

3.3.3. Innerbetriebliche Leistungsverrechnung - Grundzüge

Die innerbetriebliche Leistungsverrechnung nimmt als Grundlage den Betriebsabrechnungsbogen. Die Kostenstellenrechnung verteilt die Kosten, die

---

19 vgl. Swoboda u. a. (2001) S: 33 ff.
20 vgl. ON-Richtlinie 51 (1988) S: 7
21 vgl. Bauer u. a. ((2002) s: 3-36 f.

den Kostenträgern nicht direkt zurechenbar sind zunächst auf die Betriebsbereiche, in denen sie angefallen sind.[22]

Verteilungsschlüssel

Für die Verteilung der Kosten aus den Vorkostenstellen werden Verteilungsschlüssel festgelegt. Diese dienen als Merkmale der Kostenstellen, die mit den zu verteilenden Stellengemeinkosten eng korrelieren. Als Grundlage können dienen:

- Charakteristika der eingesetzten Produktionsfaktoren
- Einsatzmenge oder Einsatzzeiten bestimmter Produktionsfaktoren bzw. Kostenarten z.B.: Maschinenstunden, gelieferte kWh
- Menge/Wert bestimmter Leistungen z.B.: Endkontrolle

IBL - Treppenverfahren		Vorkostenstellen						Endkostenstellen								
								Baugruppen						Verwaltung		
Kostenstellen Wo sind die Kosten angefallen?		Material	Vorentwicklung	Entwicklung	Fertigung	Versuch	Einkauf	Chassis	Motor	Antriebsstrang	Elektronik	Fahrwerk	Marketing	Projektleitung	Events
Σ EK		0,00	0,00	0,00	0,00	0,00	0,00	0,00	0,00	0,00	0,00	0,00	0,00	0,00	0,00
Σ primäre GK		0,00	0,00	0,00	0,00	0,00	0,00	0,00	0,00	0,00	0,00	0,00	0,00	0,00	0,00
Σ Primärkosten (Σ EK + Σ primäre GK)		0,00	0,00	0,00	0,00	0,00	0,00	0,00	0,00	0,00	0,00	0,00	0,00	0,00	0,00
Verteilungsschlüssel für die innerbetriebliche Leistungsverrechnung															
Material	Die technischen Vorkostenstellen werden auf die technischen Endkostenstellen mit nebenstehenden Verteilungsschlüssel umgelegt.			0	0	0	0	0						
Vorentwicklung				0	0	0	0	0						
Entwicklung				0	0	0	0	0				%		
Fertigung				0	0	0	0	0						
Versuch				0	0	0	0	0						
Einkauf	Der Einkauf wird auf alle Endkostenstellen verteilt.			0	0	0	0	0	0	0	0			
Aufgrund dieser Verteilung ergeben sich: Σ sekundäre GK				0,00	0,00	0,00	0,00	0,00	0,00	0,00	0,00			
Kostenstellenkosten (ΣPrimärkosten + Σ sekundäre GK)				0,00	0,00	0,00	0,00	0,00	0,00	0,00	0,00			
gesamte Herstellkosten Σ Kostenstellenkosten der technischen Endkostenstellen				0,00										
GK Zuschlagssatz [%] = Kostenstellenkosten / gesamte Herstellkosten												0,00	0,00	0,00

Abbildung 5 „Schema Innerbetriebliche Leistungsverrechnung"

Kostenstellenumlageverfahren

Die innerbetrieblichen Leistungen werden von den Vorkostenstellen auf die Endkostenstellen verrechnet. Innerbetriebliche Leistungen sind Leistungen, die nicht am Absatzmarkt angeboten, sondern im Betrieb eingesetzt werden[23].

22 vgl. Däumler/Grabe (2000) S: 113
23 vgl. Swoboda u. a. (2001) S: 37 ff.

Diese Kosten werden nicht bei der leistenden sondern bei der empfangenden Stelle den Produkten zugerechnet.

3.4. Kostenträgerrechnung

Die Kostenträgerrechnung hat die Aufgabe, die Kosten für einen Kostenträger zu ermitteln. Im ganz speziellen Fall des „TUG Racing Teams" sind die Hauptkostenstellen des technischen Bereiches zugleich die Kostenträger. Damit stehen die Kostenträgerkosten bereits nach dem Kostenstellenumlageverfahren fest. Diese Information ist für den Verein ausreichend. In der Praxis eines Betriebes müssen den Kostenträgern zusätzlich die administrativen Kosten zugeschlagen werden. Dies erfolgt mit Hilfe einer Zuschlagskalkulation. Zur Ermittlung der Selbstkosten werden den Herstellkosten die administrativen Kosten zugeschlagen. Dazu wird der in der innerbetrieblichen Leistungsverrechnung ermittelte Gemeinkostenzuschlagssatz verwendet.

Zuschlagskalkulation[24]

„Kalkulationsform, bei der die Einzelkosten den Kosten direkt zugerechnet werden und die anteiligen indirekt verrechenbaren Kosten (Gemeinkosten) gemäß dem jeweiligen Kalkulationsschema mit Prozentzuschlag oder Index zugerechnet werden."

Schema der Zuschlagskalkulation[25]:

Materialkosten (Einzel- und Gemeinkosten)

+ Fertigungskosten (Einzel- und Gemeinkosten)

= **Herstellkosten**

+ Verwaltungsgemeinkosten

= **Selbstkosten 1**

+ Vertriebsgemeinkosten

+ Sonderkosten des Vertriebs

---

24 vgl. ON-Richtlinie 51 (1988) S: 13

25 vgl. Bauer u. a. (2002) S: 3-59

= Selbstkosten 2

+ Gewinn

= Nettozielpreis

+ Rabatt

= Bruttozielpreis ohne Umsatzsteuer

+ Umsatzsteuer

= Bruttozielpreis inklusive Umsatzsteuer

4. Umsetzungsphase

Die Umsetzung muss genau geplant sein, um eine schnelle und komplikationsfreie Durchführung zu ermöglichen. Die Kostenrechnung hat den großen Vorteil, dass der Bedarf aus der Unternehmung selbst kommt und eine bereits außerhalb der Unternehmung vorhandene Idee umgesetzt werden kann. Daher sind die Werkzeuge des Transformationsmanagement (kurz TM) einzusetzen.

4.1. Transformationsmanagement[26]

Das TM ist eine aktive Verknüpfung von Eigenlogik und externer Logik. Transformations-Ideen entstehen außerhalb und innerhalb des Systems. Die Mitarbeiter werden in allen Prozess-Phasen punktuell und differenziert eingebunden und das erarbeitete Konzept wird gegebenenfalls auch gegen den Widerstand der Betroffenen durchgesetzt, da die Notwendigkeit zur Veränderung gegeben ist. Der Prozess selbst ist eine aktiv gesteuerte Abfolge von evolutionären und sprunghaften Phasen. Die erste Zieldefinition, der erste Vorschlag, kommt von außen, dieser wird intern von den Mitarbeitern überarbeitet.

Externe Logik

Im vorliegenden Fall des „TUG Racing Teams" ist die externe Logik durch die Notwendigkeit zur Erstellung eines „cost reports"[27] gegeben. Dazu ist eine genaue Aufstellung der Kosten jener Teile von nöten, welche zum Zeitpunkt des Bewerbes „Formula Student" im Auto eingebaut sind. Um einen schnellen Zugriff auf diese Daten zu gewährleisten, sind alle Belege geordnet und mit entsprechendem Vermerk versehen zu lagern.

Eigenlogik

Aufgrund dieser Anforderungen des Bewerbes und dem Bedürfnis der Vereinsmitglieder abschätzen zu können wieviel Zeit und Geld jährlich in dieses

---

26 vgl. Janes/Mingers (2005) S. 11 f.

27 vgl. http://www.formulastudent.com (13.12.2004)

Projekt investiert werden ergibt sich die Forderung nach einer Kostenübersicht in Form einer Kostenrechnung. Diese Kostenrechnung soll mit möglichst geringem Aufwand für die Teammitglieder verbunden sein, aber die notwendigen Informationen zur Verfügung stellen. Zusätzlich gewinnt die nächste Generation die Möglichkeit, den Kosten- und Entwicklungsaufwand für ein neues Modell realistisch abschätzen zu können.

Die Eigenlogik legt den Umfang der Kostenrechnung fest, ergänzt durch die Anforderungen der externen Logik, des „cost reports". Der Gewinn der Veränderung muss für die Organisation und ihre Mitglieder höher sein als der Gewinn der Nicht-Veränderung[28]. Es müssen also alle einen Gewinn in der Veränderung für sich persönlich finden. Im konkreten Fall ist das der Vorteil, den „cost report" für den Bewerb schnell erstellen zu können und die Möglichkeit die aktuelle Kostensituation immer zu überblicken. Dies ist ein wichtiger Faktor, da ein zu teures Auto bei dem Bewerb „Formula Student" nicht teilnehmen darf. Es ist somit für alle ein nachvollziehbarer Schritt und ein Werkzeug für die nachfolgenden Generationen an Teammitgliedern.

Die Umsetzung der Kostenrechnung muss sich an einen zuvor definierten Zeitplan halten. Dieser Zeitplan hat alle Faktoren des relevanten Umfeldes zu berücksichtigen. Die Zeiterfassung muss Beispielsweise mit Beginn der Saison starten. Die Kostenerfassung hat etwas mehr Zeit, da zu Beginn der Saison im wesentlichen die Arbeit der Konzeptentwicklung und Planung steht. Der Einkauf wird frühestens einen Monat nach Saisonstart aktiv. Der „cost report" ist erst mit Ende Mai fertig zustellen. Damit ist der Zeitplan für die Konzeptumsetzung festgelegt. Für diesen Zeitplan sind einzelne Teilziele (Meilensteine) festzulegen und deren Erreichung ist laufend zu kontrollieren. Die Nichteinhaltung des Zeitplans gefährdet die Teilnahme an dem Bewerb „Formula Student".

---

28 vgl. Janes/Mingers (2005) S: 12

4.2. Projektmanagement[29]

Die Einführung eines Kostenrechnungssystems in einem Betrieb/Verein ist ein einmaliges, zielorientiertes, neuartiges, komplexes und interdisziplinäres Vorhaben, das sich durch seine zeitliche Begrenzung auszeichnet. Ein solches Vorhaben bezeichnet man allgemein als Projekt. Um nun ein Projekt erfolgreich umzusetzen bedient man sich des Projektmanagements. Dieses wird typischerweise in vier große Phasen unterteilt:

1. Projektstart-Phase
2. Abwicklungsphasen
3. Koordinations- und Änderungsphasen
4. Projektabschluß-Phase

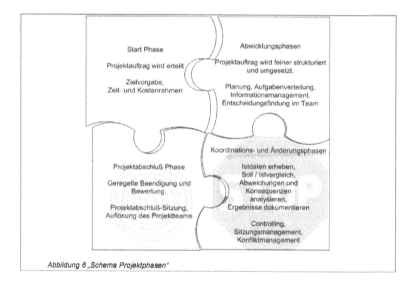

Abbildung 6 „Schema Projektphasen"

Projektstart-Phase

Darunter ist derjenige Zeitabschnitt zu verstehen, der der Erteilung des Projektauftrages bis zum Beginn der ersten Abwicklungsphase reicht. In dieser Phase werden vor allem die notwendigen Strukturen und Voraussetzungen

---

29 vgl. Patzak/Rattay (1998) S:10 ff.

26

geschaffen bzw. beschafft. Schwergewicht dieser Phase liegt auf dem in Gang setzen. (Projektdefinition, Rollendefinition, zeitlicher Rahmen)

Bei der Einführung eines Kostenrechnungssystems ist das jene Zeit von der Idee bis zur Definition des Projektauftrages bzw. eines ersten Projektzieles und der Festlegung des zeitlichen Rahmens durch die Definition der wichtigsten Meilensteine.

Abwicklungsphasen

Sie umfassen hauptsächlich die inhaltliche Bearbeitung der Aufgabenstellung des Projektes. (Planungs- und Umsetzungsphasen). Sehr häufig gibt es in Projekten mehrere Abwicklungsphasen (Projektmarketing, Projektplanung, Aufgabenverteilung, Informationswesen, Entscheidungsfindung im Team).

Bei der Umsetzung von Projekten ist es notwendig, die Betroffenen mit entsprechenden Informationen zu versorgen und, beim Einsatz des Transformationsmanagements, die Anregungen der Mitarbeiter entsprechend einzuarbeiten.

Projektkoordinations- und Änderungs-Phasen

Koordinationsphasen sind häufig mit dem Start oder Ende einer solchen inhaltlichen Ausführungsphase verknüpft, weshalb solche Phasenübergänge auch besondere Aufmerksamkeit gebührt. Hier werden die Istdaten eines Projektes erhoben, Zwischenergebnisse präsentiert und Änderungsvorschläge in das Projekt aufgenommen und, bei Relevanz und Umsetzbarkeit, in die Zieldefinition der nächsten Abwicklungsphase einbezogen, sofern Zeit- und Kostenrahmen des Projektes dadurch nicht gefährdet sind (Controlling, Sitzungsmanagement, Konfliktmanagement).

Ist die Zieldefinition der nächsten Abwicklungsphase erfolgt, so kann diese starten. Durch die Verknüpfung der Koordinations- und Abwicklungsphase kommt es zu einer Rückkoppelung in Form eines Regelkreises.

Projektabschluß-Phase

In dieser Phase wird eine geregelte Beendigung des Projektes und Entlastung der Verantwortlichen herbeigeführt. Es ist eine Phase der Reflexion über den

Projektablauf. Erfahrungen werden für zukünftige Projekte aufgearbeitet und möglicherweise vorhandene Emotionen abgebaut. Der Abschluss des Projektes und die Auflösung des Projektteams ist ein wesentlicher Schritt im Projektmanagement (Projektauswertung, Projekt-Abschluss-Sitzung, Auflösung des Projektteams).

Nachdem man das Projekt termingerecht zum Abschluss gebracht hat, steht einer Eingliederung des Projektergebnisses in den Alltag nichts mehr im Wege. Durch die Anwendung entstehende, nun folgende Änderungswünsche werden bei einem veränderungsfähigen und anpassbaren System wie der Kostenrechnung in das laufende System eingearbeitet. Dies fällt aber definitionsgemäß nicht mehr unter dem Projektbegriff. Es handelt sich dabei um Wartung und Anpassung eines bereits bestehenden Systems.

5. Projektarbeit

Das TUG Racing Team nimmt als einziges österreichisches Universitätsteam am internationalen Designwettbewerb Formula Student teil. Für diesen Bewerb wird ein Formelrennwagen mit 610ccm Motor entworfen, konstruiert, gefertigt, getestet, montiert und natürlich auch kostenmäßig kalkuliert. Alle diese Aufgaben werden von Studenten selbständig bewältigt.

Für diese Arbeit war der Bewerb „cost report" ausschlaggebend und die Notwendigkeit, Übersicht über die anfallenden Kosten zu erhalten. Um die laufende Übersicht über die real anfallenden Kosten, den Materialfluss und die Personalzeiten zu ermöglichen, hat sich das TUG Racing Team entschlossen eine Kostenrechnung einzuführen.

5.1. Formula Student – die Disziplinen[30]

Der Bewerb gliedert sich in sieben Disziplinen, vier dynamische und drei statische.

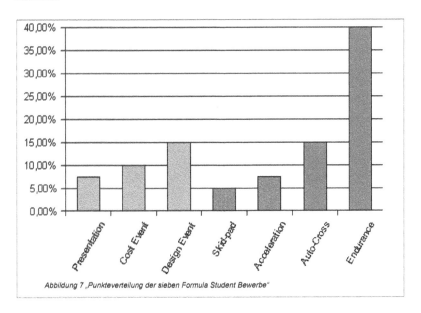

Abbildung 7 „Punkteverteilung der sieben Formula Student Bewerbe"

---

30 vgl. http://www.racing.tugraz.at/ (1.1.2005)

Juroren aus Automobilindustrie und Formel 1 bewerten beim dynamischen Teil die technische Leistungsfähigkeit des Rennwagens und bei den statischen Bewerben die Innovation, Kreativität, ressourcenschonende Fertigung und betriebswirtschaftliche Aspekte.

Disziplinen der Formula Student	
Dynamische Bewerbe	
Bewerb	**Beschreibung**
Endurance Event	Bewertung der Gesamtperformance des Fahrzeugs auf einer Renndistanz von insgesamt 22 km.
Acceleration Event	Beschleunigung des Autos auf einer geraden Strecke von 75 m
Sprint Event (Autocross)	Die Manövrierbarkeit und das Handling des Autos werden auf einem engen Rundkurs bewertet.
Figure 8 Handling Event (Skid-Pad)	Fahrverhalten in der Kurvenfahrt bei konstantem Radius.
Statische Bewerbe	
Cost Event (cost report[31])	Darlegung einer kompletten Kostenaufstellung unter Annahme einer fiktiven Produktion des Prototypen. Im „cost report" müssen/dürfen nur jene Teile aufscheinen, welche sich zum Zeitpunkt des Bewerbs tatsächlich im Fahrzeug befinden.
Presentation Event	Präsentation des Prototypen durch das Team.
Design Event	Bewertung der einzelnen technischen Bereiche nach Idee und Ausführung.

---

31 vgl. www.formulastudent.com (13.12.2004)

6. Gestaltungskriterien[32]

Für die Auswahl, Einführung, Gestaltung und Beurteilung von Kosten-rechnungssytemen kann man folgende formale und inhaltliche Kriterien als Hilfestellung nehmen.

6.1. Formale Kriterien

1. Wirtschaftlichkeit (geringstmöglicher Mitteleinsatz)
2. Relevanz (Vermeidung von Über- und Unterinformation)
3. Genauigkeit (den Zwecken angepasst)
4. Häufigkeit (den Informationsbedürfnissen entsprechend)
5. Flexibilität (Eine sofortige Anpassung an Änderungen der betrieblichen Bedingungen oder Informationsaufgaben soll sichergestellt sein.)
6. zeitliche und sprachliche Entsprechung (aktuell und für den Informations-empfänger verständlich)

6.2. Inhaltliche Kriterien

· Einmaligkeit der Kostenerfassung
· Einheitlichkeit und Stetigkeit der Abrechnung
· Nachweis der Einsatzvorgänge durch Belege

---

32 vgl. Bauer u.a. (2002), S. 1-13 f

7. Vorgangsweise

Um diesen Gestaltungsrahmen füllen zu können, benötigt man Informationen und Daten. Diese findet man im Gespräch mit den Auftraggebern und durch die Analyse vorhandener – finanztechnischer - Aufzeichnungen.

7.1. Istzustanderhebung

Zu Beginn ist eine umfangreiche Erhebung und Analyse des Istzustandes durchzuführen.

Welche Kosten fallen wo an und wie kann man sie gruppieren, also zu Kostenarten zusammenfassen?

Ein möglichst präziser Output, ohne viel unnötige (teure) Information, eine schlanke, schnelle und flexible Kostenrechnung ist gefordert.

Man muss Kostenarten, Kostenstellen und Kostenträger definieren und - in diesem ganz speziellen Fall - eine modulspezifische Zeiterfassung einführen.

Weiters sind alle Kontobewegungen in einer Datenbank zu erfassen.

Rechnungen und Konstruktions-Zeichnungen sind den betreffenden Baugruppen oder Projekten zuzuordnen.

Die gewonnen Informationen dienen nicht nur der Kostenrechnung, sie sind auch für den „cost report" wichtig.

7.2. Kostenarten

Welche Kosten sind angefallen?

Die Analyse der vorhandenen Daten ergibt eine grobe Strukturierung in die Kostenarten Material, Energie, Infrastruktur, Transport und sonstige Kosten.

Für eine einfache Vereinskostenrechnung hätte dies auch genügt, nicht aber für den „cost report". Um die Daten aus der Kostenrechnung für den „cost report" verwenden zu können, muss beim Material sehr genau zwischen Fertigteile, Rohstoffe und Hilfsstoffe unterschieden werden.

Die Kostenrechnung fordert zusätzlich eine Erfassung der Arbeitszeiten, damit eine realistische Kostenerfassung möglich ist. Wenn man nun die

Vereinsstruktur berücksichtigt, ist vor allem von Interesse, **wo** die Arbeitszeit tatsächlich angefallen ist. Die Praxis zeigt, dass die Vereinsmitglieder Tätigkeiten in verschiedenen Bereichen (Kostenstellen) ausüben. Dadurch unterscheidet sich der Verein stark von einer Unternehmung. Eine personenbezogene Zeiterfassung dient nicht dem Vereinszweck und ist für die Kostenrechnung nicht relevant. Hier ist von Interesse, wie viele Stunden tätigkeitsbezogen in ein Modul, in eine Baugruppe tatsächlich investiert wurden.

Allgemein unterscheidet man:[33]

- Einzelkosten:

  Unter **Einzelkosten** versteht man üblicherweise jene Kosten, die den Kostenträgern direkt zugerechnet werden können und unter Berücksichtigung der Wirtschaftlichkeit der Kostenerfassung auch als solche erfasst werden (Kostenträgereinzelkosten).

- Gemeinkosten:

  Unter **Gemeinkosten** sind jene Kosten zu verstehen, die den Kostenträgern nicht direkt zugerechnet werden, weil entweder kein unmittelbarer Leistungszusammenhang besteht (z.B. beschäftigungs-unabhängige Energiekosten, Schmiermittelverbräuche, Hilfslöhne, Hilfsmaterialverbräuche usw.) oder weil sie aus Gründen einer wirtschaftlichen Kostenrechnung kostenstellenweise als Gemeinkosten erfasst werden (Kostenträger-gemeinkosten).

---

33 vgl. Bauer u.a. (2002), S. 2-12 f

Kostenart	Beschreibung
Personal	Die Einteilung in Einzelkosten bzw. Gemeinkosten hängt hier von der Art der Tätigkeit (siehe Kapitel 7.2.1 Seite 35) ab.
Material	Fertigteile: zB: Motor, Auspuff, Schrauben, Kabel Rohstoffe: zB: Alublock, Gewindestange Hilfsstoffe: zB: Isolierbänder, Schmieröle, Schweißdrähte
Energie	Treibstoffe für den Rennboliden. Es fallen für den Verein keine weiteren Energiekosten, wie etwa Strom, an.
Infrastruktur	Eine Unterscheidung in Büroinfrastruktur (EDV Anlagen, Flip Chart) und Werkstattinfrastruktur (Bohrmaschine, Schweiss-gerät) wurde getroffen. Dies ermöglicht die Trennung des technischen vom administrativen Bereich, wie er sich in der Kostenstellen-definition widerspiegelt (siehe Kapitel 7.3 Seite 37).
Transport	Die anfallenden Transportwege werden übersichtsweise in Kilometer [km] erfasst. Die Vereinsmitglieder benutzen ihre Privatfahrzeuge und daher sind die Transport- und Fahrwege nur auf diese Weise erfassbar. Die gefahrenen Kilometer werden nur vom jeweiligen Fahrer bekannt gegeben um eine Doppelerfassung zu vermeiden. Für die Kostenrechnung werden die Kilometer mit dem amtlichen Kilometergeldsatz[34] verrechnet.
Sonstige Kosten	Müssen nicht detailiert erfasst werden. Sie sind für die Erfassung der Baugruppenkosten nicht relevant. Alle hier anfallenden Kosten, sind Gemeinkosten (Verpflegung, Reisekosten, Versicherung).

---

34 vgl. http://portal.wko.at/ (16.2.2005) Kilometergeld ist derzeit € 0,356/km für PKW und Kombi

7.2.1. Tätigkeiten

Die Definition der Tätigkeiten ermöglicht das Einteilen der Personalzeiten in Einzelkosten und Gemeinkosten. Die Analyse der Istzustanderhebung liefert die nötige Grundlage. Unter Bedachtnahme auf die Gestaltungskriterien Wirtschaftlichkeit, Relevanz und Genauigkeit wurden die Tätigkeiten festgelegt. Regiezeiten müssen nicht berücksichtigt werden, da für den Verein keine Personalkosten anfallen. Die Zeiterfassung dient einzig der Erfassung der real in das Projekt investierten Arbeitszeit.

Tätigkeit	Beschreibung
Vorentwicklung	Alle Tätigkeiten welche mit der Planung und Ideenfindung für das Modell des nächsten Jahres zusammenhängen.
	In der Kostenstelle Vorentwicklung und in den Endkosten-stellen des technischen Bereiches sind diese Stunden Einzelkosten ansonsten Gemeinkosten.
Entwicklung	Umsetzen und optimieren der in der Vorentwicklung gefundenen Ansätze.
	In der Kostenstelle Entwicklung und in den Endkosten-stellen des technischen Bereiches sind diese Stunden Einzelkosten ansonsten Gemeinkosten.
Fertigung	Fertigungszeiten, welche teamintern anfallen.
	In der Kostenstelle Fertigung und in den Endkostenstellen des technischen Bereiches sind diese Stunden Einzelkosten ansonsten Gemeinkosten.
Versuch	Zeiten am Prüfstand, entwicklungsbedingte Testfahrten und andere notwendige Tests.
	In der Kostenstelle Versuch und in den Endkostenstellen des technischen Bereiches sind diese Stunden Einzelkosten ansonsten Gemeinkosten.
Montage	Dient rein der Erfassung von Montagezeiten.
	In den Endkostenstellen des technischen Bereiches sind diese Stunden Einzelkosten ansonsten Gemeinkosten.
Meetings	Zeitaufwand für die modulspezifische Organisation, Meetings und andere organisatorische Tätigkeiten.
	Diese Stunden sind Gemeinkosten.
Einkauf	Warenbeschaffung und Lagerverwaltung
	In der Kostenstelle Einkauf sind diese Stunden Einzelkosten ansonsten Gemeinkosten.
	(interner Dienstleister)
Transport	Fahr- und Stauzeiten.
	Diese Stunden sind Gemeinkosten.

7.2.2. Personalzeit- und Kilometer-Erfassung

Die Zeiterfassung erfolgt auf der Basis der Tätigkeiten einerseits und der Kostenstellengliederung andererseits.

Die Zeiten werden von den Vereinsmitgliedern in Tabellen eingetragen. Diese Daten werden monatlich in die Kostenrechnung übernommen.

Aus Gründen der Aufwandsminimierung ist in dieser Tabelle auch eine Zeile für die Transportwege vorgesehen, in welche der Lenker des Fahrzeuges die gefahrenen Kilometer einträgt.

Dies liefert eine eindeutige Information über gefahrene Kilometer und ergänzt die Kostenerfassung.

Zeit- und Kilometererfassung														
Kalenderwoche		Von:					Bis:						200__	
		Vorkostenstellen						Endkostenstellen						
Wo?								Baugruppen					Verwaltung	
		Material	Vorentwicklung	Entwicklung	Fertigung	Versuch	Einkauf	Chassis	Motor	Antriebsstrang	Elektronik	Fahrwerk		
Tätigkeit – Was?													Marketing	
	Vorentwicklung													
	Entwicklung												Meeting	Transport
	Fertigung												Events	
	Versuch													
	Montage												Meeting	Transport
	Meetings												Projektleitung	
	Einkauf													
	Transport [h]												Meeting	Transport
Transport [km]														

Abbildung 8 „Zeit- und Kilometererfassung"

Die Tätgkeit „Vorentwicklung" umfasst alle Tätigkeiten, welche für das Auto des Folgejahres durchgeführt werden. Diese werden auch gesondert erfasst – in der Vorkostenstelle Vorentwicklung.

Beides, Personalzeit und Kilometer, haben für den Verein informativen Charakter und sollen in weiterer Folge den Mitgliedern als Feedback dienen. Weiters ist dadurch in Zukunft eine realistische Zeitschätzung möglich. Der persönliche Einsatz der Teammitglieder dient als zusätzliches Marketing-Argument (siehe Abbildung 16 „Teilprozess Wareneingang").

7.3. Kostenstellen

Für die Festlegung der Kostenstellen mussten folgende Fragen beantwortet werden:

1. Welche Informationen will man durch die Kostenstellengliederung gewinnen?
2. Inwieweit können bestehende Strukturen verwenden werden?
3. Wie sieht in diesem Zusammenhang der bei der „Formula Student" geforderte „cost report" aus?

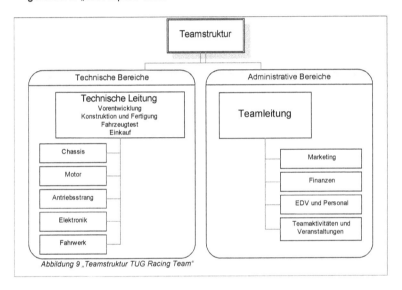

Abbildung 9 „Teamstruktur TUG Racing Team"

ad Frage 1:

Die Kostenstellengliederung benötigt man um festzustellen wo welche Kosten (Material und Personal) in welcher Höhe angefallen sind.

ad Frage 2:

Es existiert eine Teamstruktur (siehe Abbildung 9: „Teamstruktur TUG Racing Team"), welche sehr gut die einzelnen Baugruppen des Autos abbildet. Diese kann man als Grundlage für eine Kostenstellengliederung verwenden.

ad Frage 3:

Der „cost report" für den Bewerb „Formula Student" ist in Baugruppen gegliedert. Das „cost event" bringt in der Wertung 10 % aller möglichen Punkte.

Somit ist eine Gliederung nach Baugruppen für das TUG Racing Team von großem Interesse.

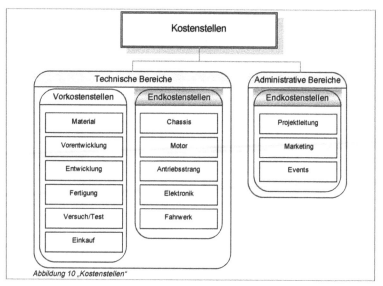

Abbildung 10 „Kostenstellen"

Die Vorgaben für den „cost report" werden jährlich im Reglement der Formula SAE von Seiten des Komitees verändert und eignet sich daher nicht als Grundlage für die Kostenrechnung, muss aber Berücoichtigung bei den Überlegungen finden.

Aufgrund dieser Informationen dient die Teamstruktur als Grundlage für die Kostenstellendefinition. (siehe Abbildung 2 „Kostenstellendiagramm")

Im technischen Bereich erfolgte die Einteilung gemäß der Baugruppen. Sie wurden als Endkostenstellen definiert und die internen Dienstleister als Vorkostenstellen.

In der Verwaltung wurden drei Module der Teamstruktur zu der End-kostenstelle Projektleitung zusammengefasst.

7.3.1. Festlegung der Kostenstellen

Vorkostenstellen – Die internen Dienstleister

Alle Kostenstellen deren Hauptzweck die interne Dienstleistung ist.

Kostenstelle	Beschreibung
Material	Lagerverwaltung und Verbuchung des Gemeinkosten-materials.
Vorentwicklung	Konzeptionelle Entscheidung für das Nachfolgemodell.
Entwicklung	Konstruktion der Teile und Simulation des Fahrverhaltens sowie der Montagetätigeiten.
Fertigung	Fertigung der konstruierten Teile und Nacharbeit/ Anpassung halbfertiger Produkte.
Versuch	Test am Motor- und Rollenprüfstand sowie auf der Rennstrecke.
Einkauf	Einkauf der Teile. Materialbeschaffung.

Endkostenstellen der Fertigung

Alle technischen Kostenstellen der direkten Leistungserstellung.

Kostenstelle	Beschreibung
Chassis	Bau des Rahmens, der Außenhaut, der Bodenplatte, der Pedalbox und des Sitzes.
Motor (Engine)	Der Motor, die Auspuff-, Ansaug- und Tankanlage.
Antriebsstrang (Drivetrain)	Alles was zur Kraftübertragung vom Motor auf die Reifen benötigt wird. Getriebe; Hinterachse; Bremsen; Schaltung; Differential.
Elektronik (Electronics)	Schalter und Anzeigen; Basis-Setup für den Motor (Boosterendstufe für Einspritzinjektoren). Anti-Schlupf-Regelung und Datenerfassung;
Fahrwerk (Suspension)	Reifen, Felgen, Radträger, Querlenker, Lenkung und Stoßdämpfer inkl. deren Anlenkung; Aufhängung

Endkostenstellen der Verwaltung

Alle Kostenstellen des administrativen Bereiches.

Kostenstelle	Beschreibung
Projektleitung	Koordinations- und Repräsentationstätigkeiten Teamsitzungen (X-Meetings) EDV und Personal Finanzen: Buchhaltung, Kostenrechnung und Kostenmanagement Recht: Vereinsgesetz und finanzrechtliche Fragen Bewerb: „cost report" für Formula Student
Marketing	Sponsoring, Public Relations, externe Präsentationen, Merchandising
Events	Präsentationen und Auftritte unseres Rennautos bei den Sponsoren und in der Öffentlichkeit. Interne Teamaktivitäten: Kartfahren, Stammtisch und ähnliches.

7.4. Kostenträger

Unter Kostenträger sind alle zu erstellenden Güter und Dienstleistungen zu verstehen.[35]

Bei der Festlegung der Kostenträger ist die grundlegende Fragestellung: „Wofür sind welche Kosten angefallen?".

Im ganz speziellen Fall sind die Kostenträger für den „cost report" vom Reglement vorgegeben.

Einteilung für das Jahr 2004/2005[36]:

· Break System

· Engine and Drivetrain

· Frame and Body

· Instrument, Wiring and Accessoires

· Miscellaneous, Safety, Finish and Assembly

· Steering System

· Suspension and Shocks

· Wheels, Wheel Bearing and Tires

Für den „cost report" dürfen (müssen) nur genau jene Teile berücksichtigt werden, welche sich zum Zeitpunkt des Bewerbes im Fahrzeug befinden.

Dies muss genau mittels Stückliste, Fertigungszeiten, Fertigungsschritte, Rohmaterialien und Rechnungen oder Kostenvoranschlägen belegt werden.

Damit ist jener Teil der Kostenrechnung am aufwendigsten zu gestalten und muss auch am flexibelsten sein, da sich die Zusammensetzung des „cost report" jedes Jahr verändert.

Die Stundensätze für die Fertigung und Rohmaterialpreise werden mit Stichtag 1. Jänner vorgegeben.

Für die interne Kostenkontrolle ist diese Art der Kostenerfassung nicht realistisch. Für den Bewerb sind es aber 10 % aller möglichen Punkte – und damit ein sehr wichtiger Faktor.

---

35 vgl Bauer u.a. (2002), S. 3-3

36 Diese Gruppierung wird jedes Jahr vom Veranstalter modifiziert.

7.5. Betriebsabrechnungsbogen

Der Betriebsabrechnungsbogen ist eine Tabelle, in deren Zeilen die Kosten bzw. Kostenarten aufscheinen und in deren Spalten die Kostenstellen ausgewiesen sind. Er dient als Grundlage für die innerbetriebliche Leistungsverrechnung.

Betriebsabrechnungsbogen

Kostenstellen / Wo sind die Kosten angefallen? / Kostenarten:	Vorkostenstellen						Endkostenstellen							
							Baugruppen					Verwaltung		
	Material	Vorentwicklung	Entwicklung	Fertigung	Versuch	Einkauf	Chassis	Motor	Antriebsstrang	Elektronik	Fahrwerk	Marketing	Projektleitung	Events
Personal EK [h * €/h]														
Material EK														
Personal GK [h * €/h]														
Material GK														
Energie (Treibstoffe)														
Infrastruktur														
Transport [km * €/km]														
Sonstige Kosten: Verpflegung, Reisekosten, Versicherung, Steuer														
Summe Einzelkosten	0,00	0,00	0,00	0,00	0,00	0,00	0,00	0,00	0,00	0,00	0,00	0,00	0,00	0,00
Summe Gemeinkosten	0,00	0,00	0,00	0,00	0,00	0,00	0,00	0,00	0,00	0,00	0,00	0,00	0,00	0,00

Abbildung 11 „Schema Betriebsabrechnungsbogen"

In dem Betriebsabrechnungsbogen werden die ermittelten Daten eingetragen. Die Werte stammen aus der Datenbank des Produktdatenmanagement-Systems (PDM).

Die Kosten werden laufend in der Datenbank erfasst. Somit ist jederzeit eine aktuelle Kostenabfrage möglich.

Eine Besonderheit des Kostenerfassungssystems ist die notwendige Mehrgleisigkeit der Kostenerfassung. Für den „cost report" dürfen keine Rabatte und keine Skonti zum Abzug gelangen. Es müssen also beide Beträge, der wahre Wert (Katalogpreis) und der tatsächlich bezahlte Betrag, erfasst werden. Diese Beträge werden zusätzlich im PDM erfasst. In weiterer Folge ist somit eine Abgrenzung der Katalogpreise für den „cost report" möglich.

Die Kostenrechnung berücksichtigt nur die realen Kosten welche, in Form eines

Betriebsabrechnungsbogens, die Grundlage für die innerbetriebliche Leistungsverrechnung darstellen.

7.6. Innerbetriebliche Leistungsverrechnung

Für die innerbetriebliche Leistungsverrechnung wurden verschiedene Modelle diskutiert. Unter Bezugnahme des Rahmens, der von den Gestaltungskriterien (siehe Kapitel Gestaltungskriterien, Seite 31) vorgegeben wird ist die Wahl schließlich auf das „Treppenverfahren" gefallen.

Beim Treppenverfahren oder Kostenstellenumlageverfahren werden nur die Vorkostenstellen auf andere Vorkostenstellen oder Endkostenstellen verrechnet. Eine Verrechnung zwischen den Endkostenstellen ist damit nicht möglich.[37]

IBL - Treppenverfahren

Kostenstellen Wo sind die Kosten angefallen?	Vorkostenstellen						Endkostenstellen							
							Baugruppen					Verwaltung		
	Material	Vorentwicklung	Entwicklung	Fertigung	Versuch	Einkauf	Chassis	Motor	Antriebsstrang	Elektronik	Fahrwerk	Marketing	Projektleitung	Events
Summe EK	0,00	0,00	0,00	0,00	0,00	0,00	0,00	0,00	0,00	0,00	0,00	0,00	0,00	0,00
Summe GK	0,00	0,00	0,00	0,00	0,00	0,00	0,00	0,00	0,00	0,00	0,00	0,00	0,00	0,00
Primärkosten	0,00	0,00	0,00	0,00	0,00	0,00	0,00	0,00	0,00	0,00	0,00	0,00	0,00	0,00

IBL Verteilungsschlüssel		Chassis	Motor	Antriebsstrang	Elektronik	Fahrwerk	Marketing	Projektleitung	Events
Material		0,00	0,00	0,00	0,00	0,00			
Vorentwicklung	je 1/5 auf die Baugruppen 20%	0,00	0,00	0,00	0,00	0,00			
Entwicklung		0,00	0,00	0,00	0,00	0,00			
Fertigung		0,00	0,00	0,00	0,00	0,00			
Versuch		0,00	0,00	0,00	0,00	0,00			
Einkauf	je 1/8 auf die Endkostenstellen 12,5%	0,00	0,00	0,00	0,00	0,00	0,00	0,00	0,00
Sekundärkosten (Baugruppenherstellkosten)		0,00	0,00	0,00	0,00	0,00	0,00	0,00	0,00
gesamte Herstellkosten		0,00							
GK Zuschlagssatz [%] = Sekundärkosten / Herstellkosten							0,00	0,00	0,00

Abbildung 12 „Innerbetriebliche Leistungsverrechnung"

Von den Vorkostenstellen werden die angefallenen Gesamtkosten von der leistenden Vorkostenstelle an die empfangende (nachgelagerte) Vor- bzw Endkostenstelle verrechnet.

Die Auswahl garantiert die geforderte Genauigkeit und vermeidet Überinformation. Sie bietet die nötige Flexibiltät zur zukünftigen Anpassung der

---

[37] vgl. Bauer u. a. (2002) S. 3-46

Kostenrechnung. Der Start der Kostenrechnung ist ohne genaue Kenntniss der Kostenverteilung möglich.

Die vorläufigen Verteilungsschlüssel:

In der Startphase existieren vereinsintern keine Vergleichs- bzw. Erfahrungs-werte. Daher kommt ein vorläufiger Verteilungsschlüssel zum Einsatz.

Die Kosten der rein technischen Vorkostenstellen sind zu je 1/5 den fünf technischen Endkostenstellen zuzurechnen.

Alle übrigen, an den Vorkosten-stellen anfallenden Kosten, sind mit je 1/8 der Kosten auf alle acht Endkostenstellen umzulegen.

Es zeichnet sich bereits im Laufe der Kostenerfassung ab, dass diese Verteilungsschlüssel angepasst werden müssen.

Die Kostenerfassung liefet in weiterer Folge die Informationen, welche nötig sind um die Verteilung der Vorkosten zu modifizieren.

Die Kosten für die Kostenstelle Versuch können in diesem besonderen Fall direkt umgelegt werden, da für das TUG Racing Team in diesem Modul nur „Personalkosten" und keine weiteren Kosten, wie etwa für den Prüfstand, anfallen.

7.7. Prozessabläufe

Damit die Kostenrechnung für den Verein eingeführt werden kann, ist es notwendig die internen Prozessabläufe zu beschreiben.

Auf diese Weise ist die Durchgängigkeit des Systems überprüft und zugleich dokumentiert.

Ist eine zusammenhängende Beschreibung nicht möglich, so ist der Ablauf in der Praxis nicht umsetzbar.

7.7.1.Aufbau der Prozessabläufe

Von der Systematik sind alle Prozessabbildungen gleich gegliedert. Links oben ist immer eine kurze Beschreibung des Ausgangszustandes zu finden und rechts unten eine kurze Darstellung des Endzustandes.

Die folgende Auflistung soll einen Überblick über die Prozessabläufe geben, welche im Anhang zu finden sind.

Ablauf	Kurzbeschreibung	Seite
„Kostenstellen"	Eine Beschreibung des gesamten Prozessablaufes Warenbeschaffung und Kostenerfassung.	38
„Innerbetriebliche Leistungsverrechnung"	Vom Bedarf bis zur Bestellung	42
„Schema Betriebsabrechnungsbogen"	Verbuchen des Wareneinganges und Weitergabe der Rechnung mit allen, für die Kostenrechnung relevanten, Informationen.	41
„Teilprozess Rechnung erfassen"	Rechnung im PDM (Produkt Daten Management Sytem) erfassen.	50
„Prozessübersicht Warenbeschaffung inkl. Kostenzuordnung"	Kosten im PDM den einzelnen Projekten bzw. Baugruppen zuordnen. Dieser Schritt ist für die Kostenrechnung und besonders für den „cost report" wichtig.	47

7.7.2. Prozessablauf Einkauf

Die vorhandenen Prozessabläufe (siehe Tabelle) beschreiben den Vorgang des Einkaufs und, in weiterer Folge, der Kostenzuordnung.

Nur wenn bereits bei der Bestellung die ersten Schritte durchgeführt werden ist gewährleistet das die richtige Information zur richtigen Zeit und am richtigen Ort aufzufinden ist.

Das **Bestellbuch** ist die Grundlage für dieses Kostenrechnungssystems. Es enthällt alle Informationen einer Bestellung. **Was** wurde **wo**, von **wem**, in welcher **Menge** und **wann** bestellt, welchem **Projekt** bzw. welcher **Zeichnung** und welcher **Kostenstelle** ist die Ware zuzuordnen.

					Besteller			technischer Einkauf			
laufende Nr	Menge	Bezeichnung des Teils (genaue Bezeichnung, Material...)	Platz bzw. Verwendung im Auto	eingetragen von eingetragen am	spätestmöglicher Wareneingang	bestellt bei bestellt am	erwarteter Wareneingang	tatsächlicher Wareneingang	gesehen	erledigt
1										
2										
3										
4										

Abbildung 13 „Bestellbuchseite"

Ohne diese Informationen kann dieses Kostenrechnungssystem nicht funktionieren. Dazu muss das Konzept von jedem einzelnen Teammitglied getragen und unterstützt werden. Das ist der nächste große Punkt, der zwar den Rahmen dieses Projektes sprengt, aber in der Praxis dennoch umgesetzt werden muss. Die Informations- und Kontrolltätigkeiten erhalten das System am Leben und machen es wandlungsfähig. Denn ohne das Feedback der Teammitglieder kann es nicht optimiert und angepasst werden, ohne die Disziplin zur Durchführung kann es nicht leben. Die Basis ist gelegt die Feinabstimmung wird folgen.

I. Abbildungsverzeichnis

Abbildung 1 „Überleitung des Aufwandes in Kosten"..11

Abbildung 2 „Abgrenzung der Wertebenen"..14

Abbildung 3 „Schema Kostenrechnung"..15

Abbildung 4 „Schema Betriebsabrechnungsbogen"...20

Abbildung 5 „Schema Innerbetriebliche Leistungsverrechnung".............................21

Abbildung 6 „Schema Projektphasen"..26

Abbildung 7 „Punkteverteilung der sieben Formula Student Bewerbe".................29

Abbildung 8 „Zeit- und Kilometererfassung"..36

Abbildung 9 „Teamstruktur TUG Racing Team"...37

Abbildung 10 „Kostenstellen"..38

Abbildung 11 „Schema Betriebsabrechnungsbogen"...41

Abbildung 12 „Innerbetriebliche Leistungsverrechnung".....................................42

Abbildung 13 „Bestellbuchseite"...45

Abbildung 14 „Prozessübersicht Warenbeschaffung inkl. Kostenzuordnung"..........47

Abbildung 15 „Teilprozess Bestellung"..48

Abbildung 16 „Teilprozess Wareneingang" 49

Abbildung 17 „Teilprozess Rechnung erfassen" 50

II.   Anhang Prozessablauf

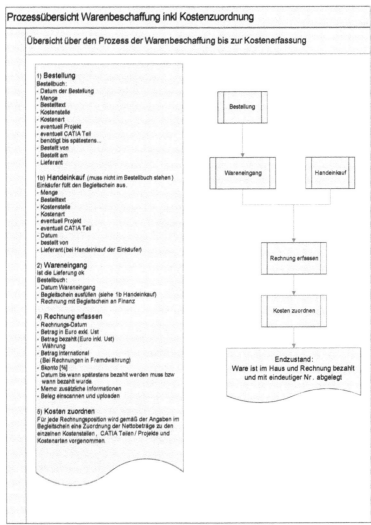

Abbildung 14 „Prozessübersicht Warenbeschaffung inkl. Kostenzuordnung"

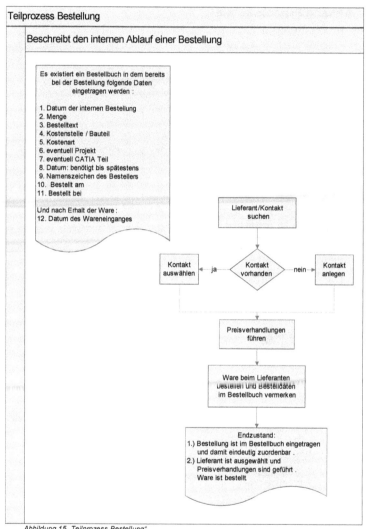

Teilprozess Bestellung

Beschreibt den internen Ablauf einer Bestellung

Es existiert ein Bestellbuch in dem bereits bei der Bestellung folgende Daten eingetragen werden :

1. Datum der internen Bestellung
2. Menge
3. Bestelltext
4. Kostenstelle / Bauteil
5. Kostenart
6. eventuell Projekt
7. eventuell CATIA Teil
8. Datum: benötigt bis spätestens
9. Namenszeichen des Bestellers
10. Bestellt am
11. Bestellt bei

Und nach Erhalt der Ware :
12. Datum des Wareneinganges

Lieferant/Kontakt suchen

Kontakt auswählen ← ja — Kontakt vorhanden — nein → Kontakt anlegen

Preisverhandlungen führen

Ware beim Lieferanten bestellen und Bestelldaten im Bestellbuch vermerken

Endzustand:
1.) Bestellung ist im Bestellbuch eingetragen und damit eindeutig zuordenbar .
2.) Lieferant ist ausgewählt und Preisverhandlungen sind geführt . Ware ist bestellt

Abbildung 15 „Teilprozess Bestellung"

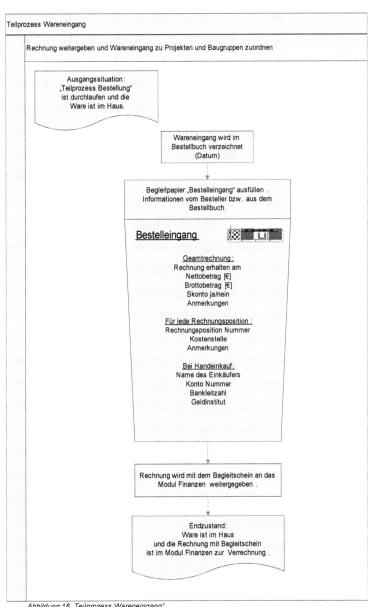

Teilprozess Wareneingang

Rechnung weitergeben und Wareneingang zu Projekten und Baugruppen zuordnen

Ausgangssituation:
„Teilprozess Bestellung"
ist durchlaufen und die
Ware ist im Haus.

Wareneingang wird im
Bestellbuch verzeichnet
(Datum)

Begleitpapier „Bestelleingang" ausfüllen .
Informationen vom Besteller bzw. aus dem
Bestellbuch.

Bestelleingang

Geamtrechnung :
Rechnung erhalten am
Nettobetrag [€]
Brottobetrag [€]
Skonto ja/nein
Anmerkungen

Für jede Rechnungsposition :
Rechnungsposition Nummer
Kostenstelle
Anmerkungen

Bei Handeinkauf:
Name des Einkäufers
Konto Nummer
Bankleitzahl
Geldinstitut

Rechnung wird mit dem Begleitschein an das
Modul Finanzen weitergegeben .

Endzustand:
Ware ist im Haus
und die Rechnung mit Begleitschein
ist im Modul Finanzen zur Verrechnung .

Abbildung 16 „Teilprozess Wareneingang"

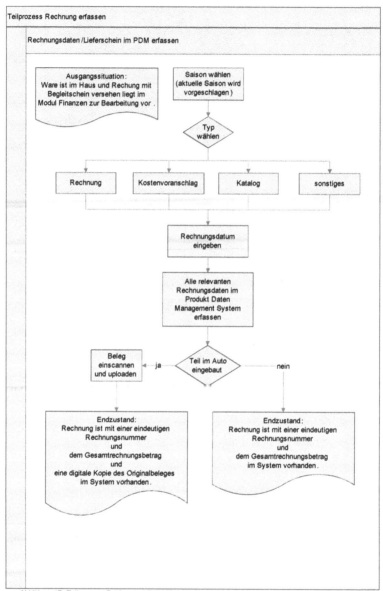

Abbildung 17 „Teilprozess Rechnung erfassen"

III. Literaturverzeichnis

BAUER, U.; KUMMERT B.; STEINBAUER P.: Kosten- und Erfolgsrechnung, Lehrveranstaltungsskriptum, TU Graz Studienjahr 2002/2003

DÄUMLER, K. D.; GRABE, J.: Kostenrechnung 1 – Grundlagen, 8. vollst. neubearb. Aufl., Berlin 2000

JANES, A.; MINGERS, S.: Change Management, Lehrveranstaltungsskriptum, TU Graz 2005

KEMMETMÜLLER, W.; BOGENSBERGER, S.: Handbuch der Kostenrechnung, 6. akt. und erw. Aufl., Wien 2000

KLINE, P.; SAUNDERS, B.: 10 Schritte zur lernenden Organisation – Das Praxisbuch, Band 1, Paderborn 1996

ON-Richtlinie 51; Wien Juni 1988

PATZAK, G.; RATTAY, G.: Projekt Management – Leitfaden zum Managen von Projekten, 3. Aufl., Wien 1998

SWOBODA, P., STEPAN, A., ZECHNER, J.: Kostenrechnung und Preispolitik, 21. erw. Aufl., Wien 2001

THOMANN, H.: Überlegungen zur Konzeption eines Kostenrechnungssytems in einem gemeinnützigen Verein – Bakkalaureatsarbeit, Graz 2005

http://www.bwl.tugraz.at, Institut für Betriebswirtschaftslehre und Betriebssoziologie an der TU Graz, Stand 3.3.2005, Abfrage 3.3.2005

http://www.formulastudent.com, Formula Student, Stand 13.12.04, Abfrage 13.12.2004

http://portal.wko.at; Wirtschaftskammer Österreich, Stand 28.12.04, Abfrage 16.02.2005

http://www.racing.tugraz.at, TUG Racing Team, Stand 30.12.04, Abfrage 01.01.2005